【第3章】食

いつも見栄を張って、
できるだけみんなから
良く見られたいと思っていたあの頃。
毎日素敵でいようと、
なんだか無理をしている自分がいた。

自分のダメな部分を
思い切って出してみた30代。
変な力が抜けて、
どんどん軽やかに生きられるようになった。

CLANEのコート・ワンピース、Sea'ds maraのピアス、TIFFANY & Co.のブレスレット、LOEWEの vintageバッグ、3.1 Phillip Limのブーツ

「私は大丈夫」。
そう過信して、
いまだに泣きたくなることだってある。
本当は無理なんてしたくない。
でも、できる努力はする。

AURALEEのハイネックニット、ISABEL MARANT ÉTOILEのスカート、GUCCIのvintageのバッグ、3.1 Phillip Limのブーツ

仕事も人間関係も、
おしゃれをすることも、走ることも、
毎日ごはんを作ることも、
一生懸命やってみて、
一生懸命楽しんでみる。
ダメなら、そこで立ち止まればいい。

 ISABEL MARANT ÉTOILEのワンピース、SAYAKA DAVISのニットカーディガン、ISABEL MARANTのバッグ、Maison Margielaのブーツ

丁寧な暮らしではなく、
丁寧に生きることを選んだ。

カッコ悪くても、
周りからバカにされてもいい。
だけど、自分がこれだと思ったことは、
とことん続けてやってみる。

「継続は力なり」。
これは私の中のお守りのような言葉。
見向きもされなくても続けていれば、
きっとその言葉の強さを
実感できる日が来る気がしています。

Exclusive panoramas overlooking Rome
An oasis located a stone's throw away
from the Vatican's walls.
Contemporary two to four bedroom Residences with luxury services
AVAILABLE NOW

【第1章】美

ずっと密かに憧れていたベリーショートの世界へ、
36歳の終わりに飛び込みました。
あの頃の自分は、とても忙しく、息継ぎする暇もないほどだった。
ひとつずつ大切に仕事をしていたはずが、いつの間にか、
追われるままこなしていくような仕方に変わっていました。
そんな自分がすごく嫌でした。

毎日の流れにのまれそうになりながら生きていたある日、
突然思い立って、パリ行きのチケットを1枚買いました。
自分があの街にいたら、どんな風に過ごしたいんだろう。
もしかしたらなにかヒントが見つかるかもしれない……。
そんなときに思い浮かんだのが、
ベリーショート姿になった自分でした。

潔い髪の短さで、黒いロングコートを羽織り、
チェックのストールをぐるぐると巻く。
背筋をピーンと伸ばして、
冬のパリの街を颯爽と歩いてみたい。
似合うか似合わないかは、賭けかもしれないな。
でも、今の自分に必要なことだと、
その場でヘアサロンの予約を取りました。

人生にはときどき、思い切った冒険が必要。
なんだって一歩踏み出せば、新しい世界が迎えてくれます。
住めば都というけれど、環境だけじゃなく、自分自身もそう。
景色を変えるのは、自分次第だから。
髪を切ってさらに広がった、
私なりの美のこだわりをお話しします。

ベリーショートに
ばっさり

自分自身を大きく変えたいとき、新しい一歩を踏み出したいとき、私は髪型を変える。去年の冬、37歳になる直前にばっさり、ベリーショートにしました。前回、髪型を変えたときは、彼にフラれ、強い女性になりたいと泣きながら髪を切った。まるで漫画のようなシチュエーションだったけれど、今回は違う。ワクワクする気持ちで決断しました。スマホにたくさん保存していた、海外女優のジーン・セバーグと90年代のウィノナ・ライダーの写真を見せ、あとは直毛でやわらかい私の髪質と、地毛の黒髪に合うようにとオーダー。人生初めての長さに最初はすごく不安だった。でも鏡を見ると、そこには頭と一緒に心もサッパリしている自分がいました。

メイクとのバランスはもちろん必要だけれど、この新しいスタイルは、似合う服の幅をぐーんと広げてくれ、同時に仕事の幅も広がった。スカートでもパンツでも、今までより女性らしく見えるようになったし、頭がコンパクトになった分、スタイルアップも実現。根元から動かしやすくなった短い髪は、ボリュームが出て、数年前から悩んでいた薄毛問題もクリアできました。勇気を持って踏み出せば、その先にはたくさんの明るいことが待っている。髪型を変えることは私にとって、決意表明なのかもしれないな。

いつものヘアスタイルの作り方

1.

軽く髪全体を濡らし、ドライヤーで乾かす。後頭部はふわっと丸く見せるため、指で根元を立たせるように、下から風を当てて。

2.

センスオブヒューモアの泡のスタイリング剤**a**を2プッシュ手に広げる。後頭部からつけ、全体に揉み込んで動きを出す。

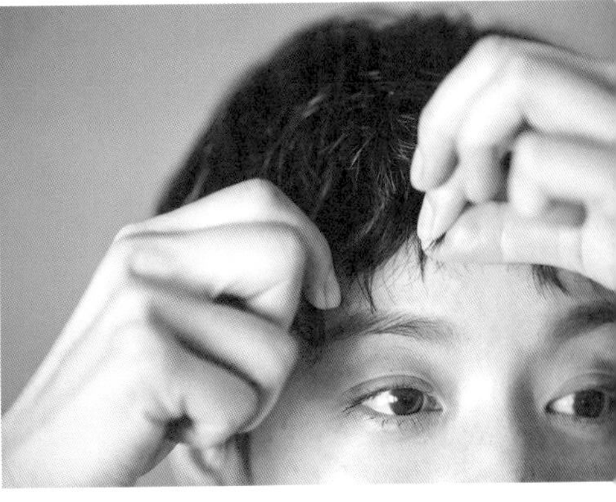

3.

手に残ったスタイリング剤を指先になじませ、表面の毛や前髪を少しずつつまみながら、束感をしっかりと出す。

4.

もみあげと襟足が浮かないように、上からおさえて完成。動きやウェット感を出したいときは、オイルやワックスもつけます。

愛用しているスタイリング剤

a　ふんわりラフな束感を作る、泡タイプのスタイリング剤。ヘアのベースは必ずこちらをつけます。手も髪もベタつかないのが高ポイント。SENSE OF HUMOUR ボヘミアンシーウォーター。
b　スキンケアをするように、髪にもオイルをつけて潤わせています。オーガニックダマスクローズの香りも好き。全身に使えます。NATURALCOSMO 薔薇椿。
c　ツヤを与えてくれる、洗い流さないトリートメントオイル。よりウェット感を出したいときはコレ。SENSE OF HUMOUR デューイエリクシアオイル。
d　動きを出すときや、きゅっとタイトにまとめるときに使います。uka ヘアワックス プレイフルムーブ。

ベリーショートで できるヘアアレンジ

Scarf arrange

シンプルなＴシャツのときは、頭にスカーフを巻いてポイントを作ります。髪が伸びちゃったときや白髪隠しにもおすすめ。スカーフは、約110cm角くらいの大判が使いやすいですよ。

1.

スカーフは、端と端を一度内側に折り込みんで真ん中で合わせ、そのまま両サイドからパタンパタンと細長い形に畳みます。

2.

スカーフの中央を襟足にあて、そのまま耳上あたりを隠すように沿わせて、フロントへ。高い部分でくるっと交差させる。

3.

交差させたスカーフの先は、そのまま襟足のあたりに持っていく。このときにグルグルとラフに巻きながら細くする。

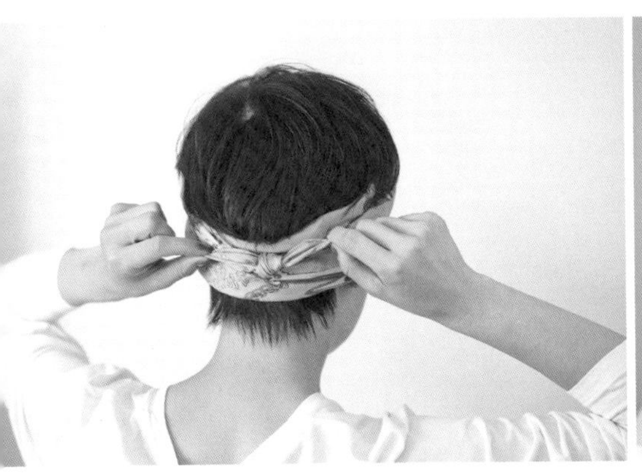

4.

襟足でかた結びをし、スカーフのすき間に端を入れ込む。指先にオイル **b** を軽くつけ、前髪をところどころつまんで束感を出す。

 HERMÈSのvintageスカーフ、ATONのトップス、Ron Hermanで買ったピアス、Adawat'n Tuaregのネックレス

Ribbon arrange

テーマは『魔女の宅急便』の大人になったキキ。大判スカーフをリボンにアレンジして、可愛さと華やかさを出しました。子供っぽくならないよう、リボンの形はアシメトリーに。

1.

細長く畳んだスカーフ中央を襟足にあて、耳半分を隠しながら沿わせてフロントへ。中央より少しずらした位置でリボン結び。

2.

外側にくるリボンの輪の部分を引き抜いて、アシンメトリーな片リボンを作る。結び目がゆるくなっていたら、きゅっと調整する。

3.

2で引き抜いたスカーフの先は、そのまま襟足のあたりに持っていく。このときグルグルとラフに巻きながら細くする。

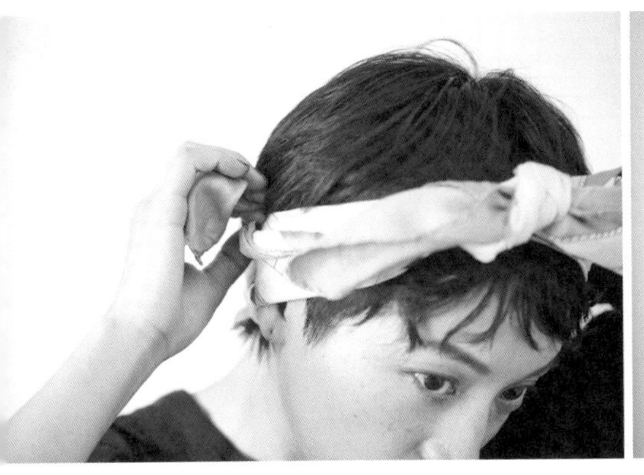

4.

スカーフの端は襟足あたりで入れ込む。指先にオイル **c** を軽くつけ、前髪を流しながら、ところどころつまんで束感と動きを出す。

CELINEの vintageスカーフ、ETRÉ TOKYOのワンピース、Maria Blackのピアス

Hairpin arrange

昔のフランス映画に出てくるようなヒロインをイメージした、レトロなピンアレンジ。おでこを出すときは、目元のメイクを少し濃くして、彫り深く見えるように意識してます。

1.

軽めのオイル **b** を手に広げ、髪全体を 7:3 に分けながら、オイルをなじませる。ツヤを出すように、優しく毛流れに沿わせて。

2.

7：3 の 7 の側にシンプルなヘアピンをつける。短い前髪やサイドの毛はあえてそのまま出し、毛先をつまんで動きを作る。

Headband arrange

ベリーショートにつけたら、意外と可愛かった、カチューシャ。それからは服に合わせて、太さを変えて楽しんでいます。簡単におでこ出しができるのも嬉しいところ。

1.

ワックス**d**をほんの少し手に広げ、髪全体にくしゃっと揉み込んで動きを出す。前髪を上げるように、細いカチューシャをつける。

2.

手に残ったスタイリング剤を指先になじませ、カチューシャから前髪の毛束をところどころ抜き出す。毛束はねじり、動きも加える。

IRIS47のカチューシャ、AURALEEのシャツ、SAYAKA DAVISのニット、TIFFANY & Co.のピアス・バングル、HERMÈSのリング

Tight hair

巻物で顔周りにボリュームが出るときは、タイトヘアでバランスよく。ウェットな質感にするには、濡れ髪にスタイリング剤を多めにつけて自然乾燥するのが重要！

1.

少し濡れた髪に、泡のスタイリング剤 **a** をやや多めになじませる。内側の髪の根元につけ、ペタっと押さえてから表面にもつける。

2.

重めのオイル **c** を少し手に広げ、前髪を流し、髪の表面につけてツヤを出す。もみあげと襟足が浮かないように上から押さえる。

Maison Margielaのニット、Acne Studiosのストール、HERMÈSのピアス

5年間のヘアスタイル遍歴

2017年

書籍1冊目で使用した写真です。まだ自分のなかの"好き"が固まっていなくて、今よりも少しガーリーでした。このワンレンボブはわりと気に入っていたので、いつかまた伸ばしたいな〜と思っています。

＊『高山都の美食姿1』より写真引用

2015年

朝ドラのオーディション用に撮った、清楚な女の子をイメージした宣材写真(笑)。直毛なのでゆるいパーマをかけたレイヤー入りのロングヘア。この頃は髪型の迷走時期で、おだんごばかりしていました。

2020年

現在のベリーショートヘア。どんな服を着てもバランスがよく見え、今までで1番洋服が似合うようになりました。ノーメイクだと小学生の男の子に見えてしまうので、こっそりしっかりメイクを仕込んでいます。

2018年

書籍2冊目の丸いショートヘア。目元ギリギリの長め前髪は、目力が出るし、眉毛が隠れるのでメイクが楽でした。だけど、すぐ伸びてしまうので、2週間に1度はヘアサロンに。通うのが大変だった思い出。

＊『高山都の美 食 姿2』より写真引用

肌年齢を左右するのはツヤ

年齢を重ねていくと、皮脂バランスが崩れ、小鼻の周りやおでこはテカっとするのに、目や口周りはカサカサと粉がふくように。しっかりメイクをしていても、「顔テカってるよ」なんてお節介な言葉に、デリカシーのない人だな……と心で呟くときがあったりもした。

何歳になっても、思わず触れたくなるような肌を持つ人は、内側から発光するようなツヤがある。ファンデーションでカバーした、作り込んだ肌ではなく、素肌に近いのにほんのり高揚するようなツヤ。そんな肌を目指したいから、私はメイクよりスキンケアを大切にしています。テカリやカサつきは、肌の水分量が圧倒的に少ない、乾燥が原因。洗顔後はすぐに乾燥し始めるので、タオルで水分を拭きとると同時に、化粧水をたっぷり入れ込みます。さらに、シートパックをつけるようにもなりました。シートパックは、〝ながら美容〟の代名詞とも言えるケア。そのまま歯磨きしたり、お酒を飲んだり、仕事をしたり、映画を観たり。時間を有効活用しながら、しっかり保湿できるのがいい。メイクに時間をかけるよりも、ながら美容で整えた肌のほうが、「なんか今日の肌、調子良くない？」に繋がりますよ。シワやほうれい線をも隠してしまう、ヘルシーなツヤ、毎日、朝晩の10分間で作っていきましょう。

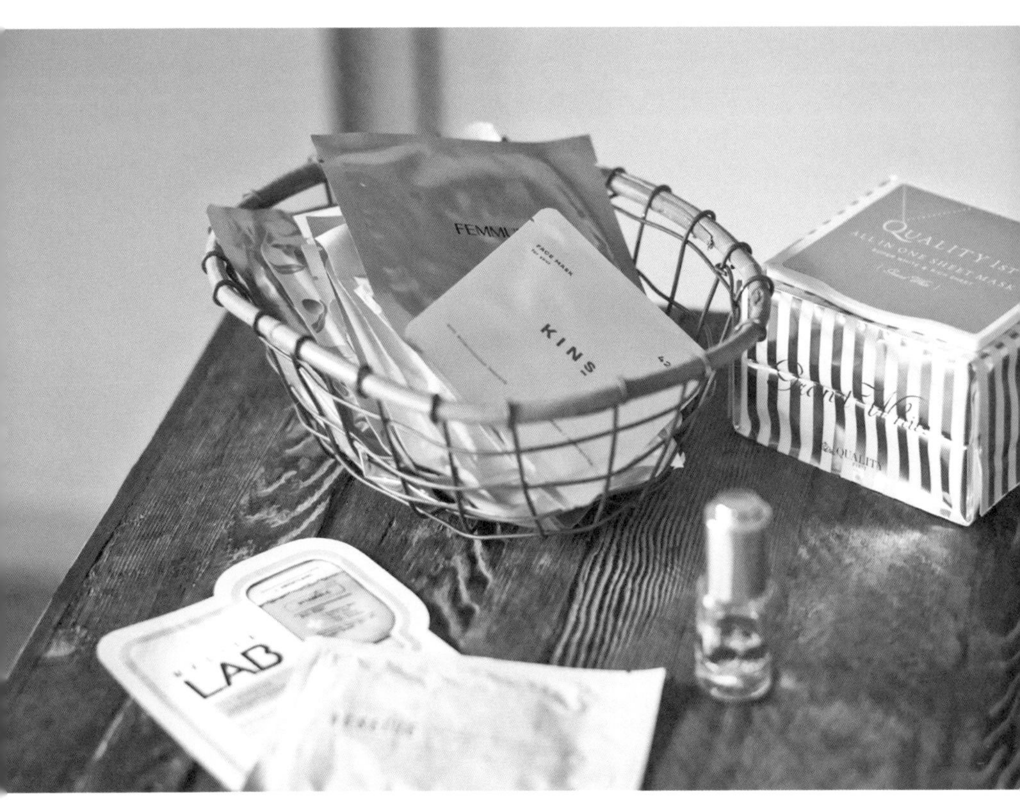

毎日使うものは、大容量のクオリティファースト オールインワンシートマスクを。ときどきスペシャルケアとして KINS、FEMMUE、MASTER LAB、アクセーヌなどの少し高級なシートマスクを使います。仕上げにSHIGETAのオイルセラムを1滴、顔にすーっと伸ばして、潤いを閉じ込めます。

したたかなナチュラルメイク

「すっぴんに近いよね？」とよく言われるけれど、いいえ！　私、しっかりメイクをしているんです。特に髪が短いと、顔の面積がガッツリ出てくるので、ノーメイクだと顔がぼんやり見えてしまう。この間もすっぴんのまま仕事現場に入ったら、中学生の男の子みたいね、なんて笑われたことも。だからこそ、こっそり、したたかにナチュラルメイクを仕込んでいるんです。

眉毛は、いかにも〝足してます〟と見えないように、太めの眉ブラシでふわっと毛流れを整えながら描いたり。まつ毛につけるマスカラはホットカーラーの熱でダマをちゃんと溶かして、念入りに仕上げていたり。元から自分の毛があったかのように、しれっとね。それと、ベリーショートにしてからは顔が間延びしないように、以前よりアイメイクを少しだけ強くしました。目と眉の間が近く見えるイメージで、ほんの少し濃くしたら、彫りが深くなって顔がキュッと締まりました。自分が良いと思っていたバランスは、髪型や加齢でどんどん変わってくる。変化を上手に受け入れつつ、柔軟に変えていくと、大人のおしゃれ幅はもっと広がるのかもしれない。なんにもしなくていいのが通用するのは20代まで。なんにもしてないように見せるのが、アラフォーの力の見せ所ですよ。

Curensologyのオールインワン、grünのイヤーカフ、TIFFANY & Co.のピアス・ブレスレット、Cartierのvintage腕時計

目元はこっそり強めに

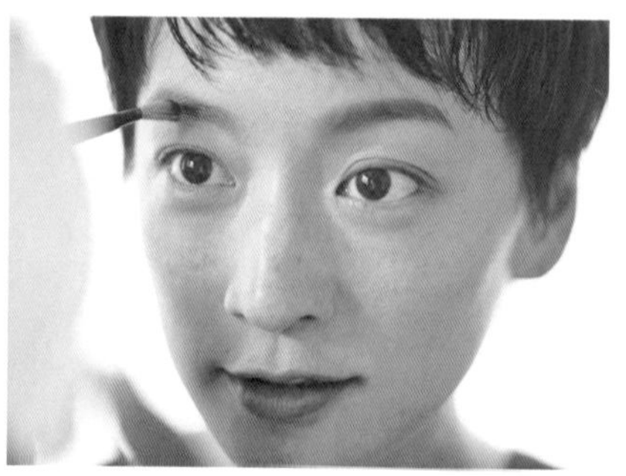

1. 眉は軽くとかしてから、幅広のアイブロウブラシ **a** を使って毛と毛のすき間を丁寧に埋める。アイブロウパウダー **b** の3色を混ぜて、グレーがかった茶色にすると自然に見えます。

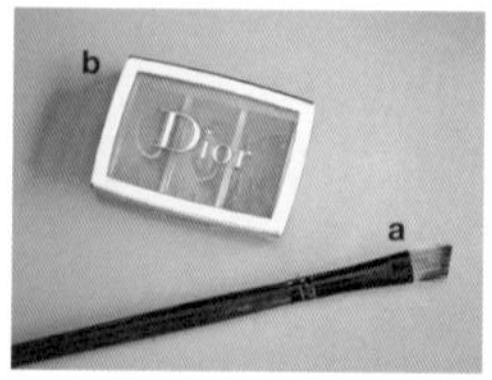

a ADCICTION アイブロウブラシ。
b Dior バックステージ ブロウパレット 002。

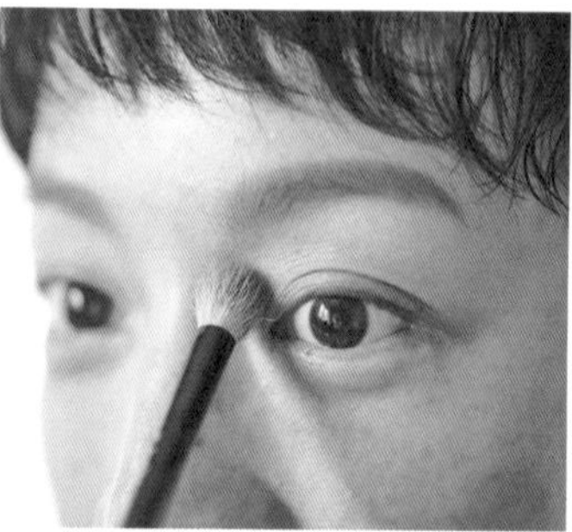

2. アイシャドウパレット **c** の左下のマットベージュを使い、ブラシ **d** でノーズシャドウにさっと入れて、陰影を作る。

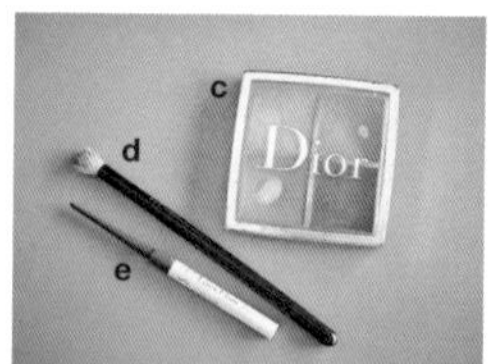

c Diorバックステージ コントゥールパレット 001。
d 中太のブラシ。
e LoveLiner ペンシル ミディアムブラウン。

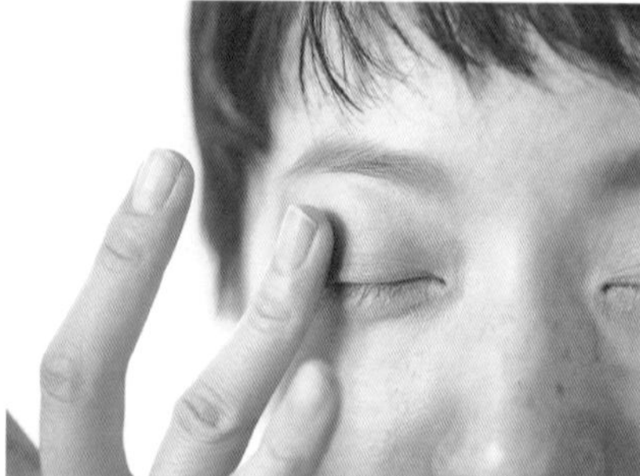

3. アイシャドウパレット **c** の右上のパール入りベージュを薬指に軽くつけ、アイホール全体に、薄めに広げる。

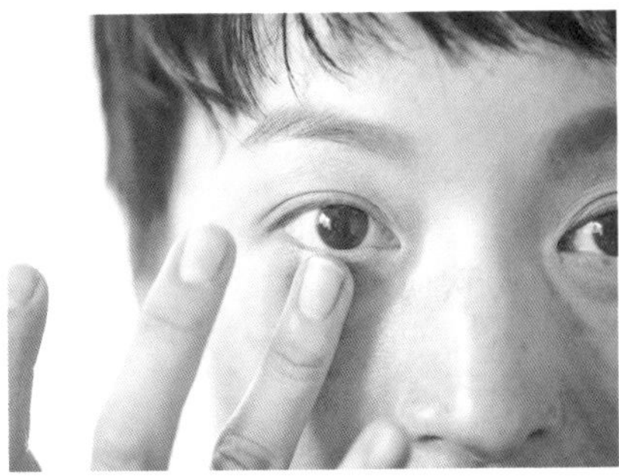

4. そのまま涙袋にもスッと薄くのせる。黒目の下あたりから、目尻に向かって入れていく。

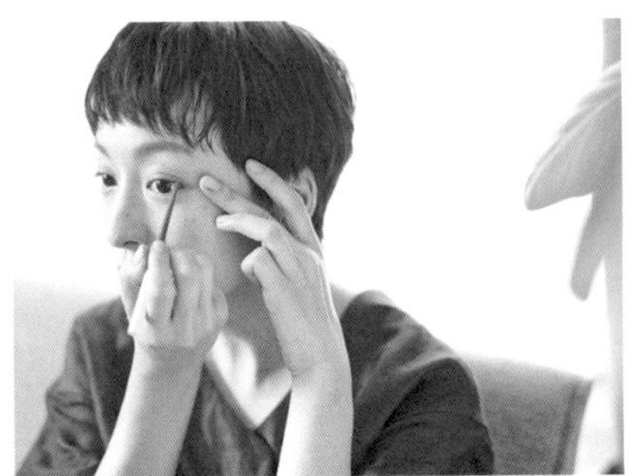

5. 細くて肌に馴染むブラウンアイライナー **e** で、上まぶたの粘膜にラインを入れる。まつ毛の生え際を埋めるように、目尻から黒目あたりまで丁寧に入れて。

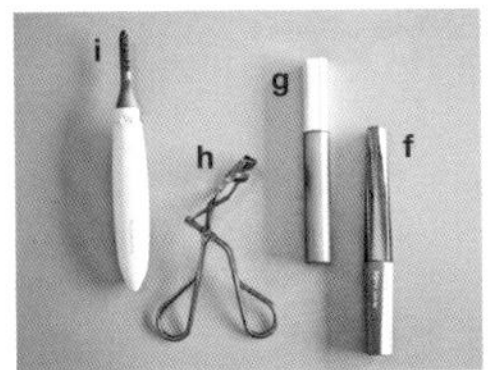

f Dejavu ラッシュアップマスカラ E1。
g CLINIQUE ラッシュ パワーマスカラ ロング ウェアリング フォーミュラ。
h MAQuillAGE ビューラー。
i Panasonic ホットビューラー。

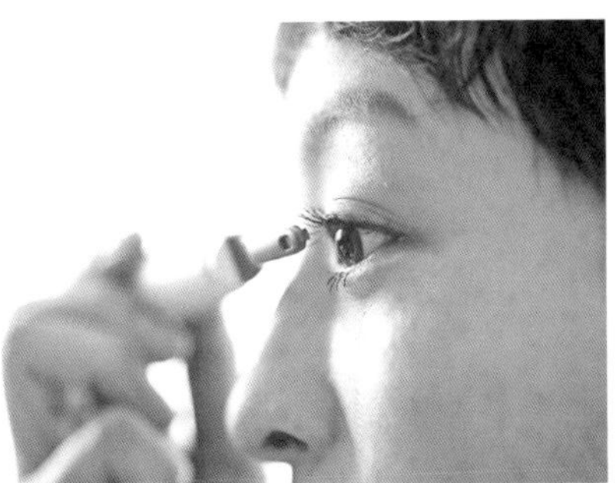

6. 細い毛にもしっかり絡むマスカラ **f** を根元からつけ、その後にロングマスカラ **g** を薄く重ねて存在感を出す。乾いたらビューラー **h** でまつ毛を根元から上げ、ホットビューラー **i** でコーティングする。

バッグにはいつも2本のリップ

Cool Berry

バッグには2本のリップを入れ、その日の気分やシーンによって塗り直します。ベアミネラルのロングウェア リップスティック<レーズン>は、深みのあるボルドーだけど、肌馴染みが良くてカジュアルに使えます。

Mame Kurogouchiのニット、ayameのメガネ、HERMÈSのピアス

Sexy Brown Pink

背中が開いた女性らしいニットには、ローズ感強めのブラウンピンクを。シャネルのルージュアリュール 807 は、一気に華やかな印象にしてくれます。ラフに塗れる色と、よそゆき顔になれる色の2本をバッグに常備。

a 薄づきで普段使いにおすすめのオレンジ。OSAJI ニュアンス リップスティック 07< 貢 >。**b** ほんのり色づくヌーディベージュ。bareMinerals ミネラリスト イドラスムージング リップスティック < メモリー >。**c** 見た目より薄づきのちょっと深みのあるブラウン。セルヴォーク ディグニファイド リップス 10< レンガ >。

 Lâchementのニット、R.ALAGANのピアス

パーティではしっかりカラーに

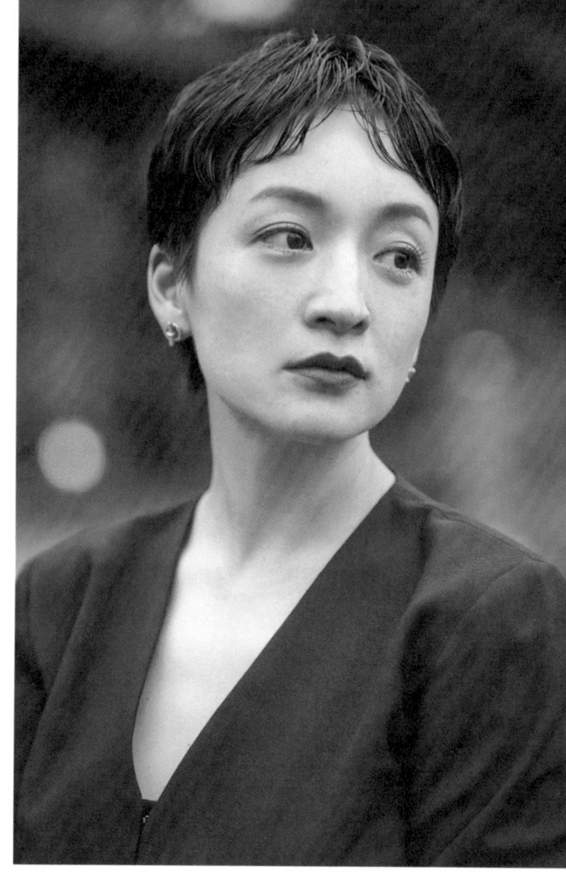

Matte moka

パーティでは崩れにくく、発色の良いリップを。海外で購入したウォータープルーフのジバンシィのリップ・ライナー 09<MOKA REN VERSAINT> は、マットなモカ色。黒のオールインワンにタイトヘアでカッコよく。

ほかの愛用リップ

a ワインベリーカラーは、艶やかで魅力のある唇に。BROWN クラッシュド オイル インフューズド グロス 12< アフターパーティ >。**b** LANCOME ラプソリュ ルージュ C172< アンパシアント > は真っ赤な発色で、少しマット。**c** 温かみのあるレンガっぽいブラウン。bareMinerals ベアプロ ロングウェア リップスティック。

CONNのオールインワン、LOEWEのバッグ、GIVENCHYのパンプス

1日の疲れをとるお風呂時間

恥ずかしながらつい4年ほど前まで、浴槽のない家に3年間住んでいました。そう、ご存知の方もいらっしゃるかと思いますが、この書籍の1冊目を撮影した、築50年のアパートのことです。夏はシャワーをパッと浴びればいいけれど、とにかく大変だったのは冬の季節。すき間風が入るから、ガスヒーターをつけないと凍えてしまうほど寒かった。それと当時、友人からよく入浴剤をプレゼントでもらっていたけれど、そのたび、感想をどう伝えようか悩んでいたのも、今だから言えるぶっちゃけ話です(笑)。

それもあって、引っ越した今の家では湯船にゆっくりと浸かり、お風呂時間を目一杯楽しんでいます。撮影の前日は、心身ともに緩むラベンダーやヒノキの香りのシゲタの入浴剤で体を温め、イソップのスクラブ入りボディソープでマッサージをしながら体を洗います。そして最近は、思い切って古いタオルを全部処分し、ずっと憧れていたちょっぴりお高めのイケウチオーガニックタオルを買い揃えました。分厚くて、吸収力も抜群。良いタオルは摩擦がなくて肌に優しいんですよね。お風呂上がりのふわふわな包容力に、バスタオルって偉大だわ！としみじみ感じています。近頃のお風呂時間に欠かせない、私の小さな贅沢です。

お風呂時間の癒しグッズ。棚上、右からAēsopのゼラニウム ボディスクラブ、SHIGETAのバスソルト3種、NEAL'S YARDのバスミルク、ジョンマスターオーガニックのF&V ボディウォッシュ、SENSE OF HUMOURのボヘミアンシャンプー、棚下はイケウチオーガニックのバスタオル。

PMSの付き合い方

月に1度の憂鬱といえばPMS(月経前症候群)。25歳を過ぎた頃から、PMSが年々酷くなりました。生理1週間前から食欲が増し、手足がむくむ。低気圧になると、起き上がれないほど身体がだるくて激しい頭痛に襲われる。けれど、それよりも問題は心の状態。なんでこんなに沈んだり、人に攻撃的になるんだろう。自然と涙が出ることもある。楽観的な私だったはずが、嘘みたいに落ち込んでしまい、自分じゃないみたい……。これが、毎月恐れるPMSです。

だけど、辛い辛いと振り回されるよりは、少しでも気が紛れることを探したい。そう思って、生理の気配を感じたら、「大魔王が来たぞー!」と構えるイメージで、この状況を受け入れてみました。食欲が止まらないときは、コーヒーや味噌汁など満足感のある温かい飲みものをゆっくり飲んでお腹を満たす。イライラしたら、深呼吸をして、憂鬱を振り払うように走りに行く。湯船で、むくんだ身体を優しく揉むのもいい。どうにも前向きになれないときは本や映画の力を借り、物語の世界にどっぷり入り込む。泣きたいときはたくさん泣いてみる。ここ数年、そうやって心構えをしていたら、PMSとの付き合い方がだいぶ楽になりました。憂鬱な症状は、できるだけ上手く程良い距離感で付き合っていきたいものです。

生理用ナプキンは、肌に優しく環境にも良いオーガニックコットンタイプを使うようになりました。手前から、日本のブランドの『シシフィーユ』と、コンパクトで持ち運びに便利な『ナトラケア』。

【第3章】姿

「身の丈に合う」
今の私が大切にしている、物差しのような言葉です。
どんなに素敵でも、
自分が似合わなければ意味がない。
自分が使いこなせなければ意味がない。
お洋服もアクセサリーも、器も同じです。

ちゃんと似合う自分になりたいなあと、
目指す場所ができたおかげで、
そこに向かう努力が見つかりました。

33歳で選んだコト、36歳で選んだモノ、
そのときどきの自分がちゃんと持てることを
欲張らずに大切にしてきました。
こうやって選択をしていくと、
何事も長く大事に愛せるようになりました。
自分の好きが少しずつ増えていくと、
それがいつからか、〝自分らしい〟に繋がりました。

難しく考えず、「いいな、好きだな」の感覚を大切にしてきたら、
やっと今、自分という軸ができてきた気がします。

外見的な悩みは、年齢を重ねるたびに増えていく。
けれど、経験や学び、ときどき失敗もして得てきたことが
ヒントにもなり、私自身の〝好き〟を作ってくれました。

好きなものと向き合ってみると、
モノや人に対する考え方がクリアになって、
私らしさができあがるのかもしれないな。

〝丁寧な暮らし〟は〝丁寧に生きる〟こと

はっきり言って、整理整頓が苦手です。どうにもこうにも片付けの才能がなくて、引き出しやタンスの奥はいろんな物が窮屈そうに混雑している。こんな私なので、〝丁寧な暮らし〟というイメージを持たれると、なんだか嘘をついているようでとても心苦しかった。

ここ2年、暮らし方についてトークショーを頻繁にさせてもらう機会があり、そのイメージと普段の自分のギャップに悩んでいると笑いながら話したことがあります。そんなとき、ひとりの女性の答えが、私のなかの概念を変えてくれました。「整理整頓や料理をすることではなく、そうやって自分と向き合い、一生懸命に話す姿勢が丁寧な生き方なんだと思いますよ」。……なるほど。なんだか心が一気にスッとした瞬間でした。私には、常日頃意識していることがあります。それは、自身が濁らない状態でいること。物事でも人でも、向き合う相手に対して、真っ直ぐな自分でいたい。背伸びせず、できるだけやわらかさを忘れずに。自分のダメな部分も受け入れてみることで、肩の力が抜けて、少しずつ軽やかに生きられるようになりました。そう思うと、丁寧に暮らすことよりも〝丁寧に生きる〟という表現が、なんだか自分にしっくりきました。まずは丁寧に生きてみよう。ズボラな私が見つけた、人生の目標です。

 AURALEEのワンピース、KINTA STUDIOのマグカップ

Thanks!

見向きもされなくても続ける

見えないウィルスによって、世界中の人々が戸惑い、生活を狂わされた2020年の春。なかなか外に出られない自粛期間に、なにか自分にもできる楽しいことはないかな？　そんな思いつきから、台所でビール片手に、晩ごはんをゆるゆる作るというインスタライブの無料配信をしてみました。料理番組のようなクオリティはないし、突然始めたもんだから、もちろん整頓された綺麗なキッチンでもない。これは、あくまでも私がいつもやっていること。視聴者数が少なかろうが、否定的なコメントが届こうが、やると決めたことは納得がいくまでやってみようと毎日続けてみました。

誰もいない部屋でひとり、スマホに向かって喋り、料理を見せる。ときどき自分が滑稽に思えて、止めたくなったこともありました。けれど続けていくと、もっと見やすい構図や、スムーズな進行の仕方などの新しい発見があり、試行錯誤を繰り返しながらも、いつの間にか楽しくなっている自分がいました。すると、日ごとに視聴者数や応援の声がどんどん増え、今ではその様子を見てくれていた方々から、お仕事の依頼をされることも多くなりました。

〝イルカの法則〟というエピソードを、友人から教えてもらったことがあります。好奇心は旺盛だけど、用心深いとも言われるイルカは、一緒に泳ぎたいと思ってこちらから近寄ると逃げてしまう。でも、自分が楽しそうに泳いでいるところを見せると、自然とイルカから寄ってきて、一緒に泳いでくれることがあるそうです。それは、楽しそうな人には、自然と向こうから仲間が集まってくるということ。最初は見向きもされなくても、とにかく自分が楽しんでやり続ければいいんだと、自分なりの哲学になりました。誰からの応援もないなかで続けていくことは、とても大変だし、勇気もいるから恥ずかしくて隠れたくなる。けれど、一生懸命楽しんでいたら、きっとどこかで誰かは見てくれているはずです。

ひとり、またひとり、少しずつ味方が増え、そうやって仲間やコミュニティができていくんだと思う。この自粛期間中も、イルカの法則を思い出し、〝楽しもう！〟と気持ちを転換させたら、新しい出会いに繋がりました。

料理もランニングも、私は才能型ではないからこそ、続けてきて見えた景色がありました。「継続は力なり」。きっとその言葉の強さを、実感できる日がくると信じています。

 THE._.ALIENSのエプロン、N.Jamのトップス、Maria Blackのピアス

自分で自分の機嫌をとる

良いことがあった日も、なんでもない日にも、私はふらりとよくお花屋さんに寄り道をします。今日はどんな花を飾ろうか、花瓶はどれにしようかと考える時間がたまらなく好きで、趣味とも言えるほど生活の一部になりました。家に帰ってきたら、まずはテーブルに花を広げ、自分好みに組み直します。ブーケを作って、花の一部の色を花瓶と合わせてみたり、「何本かは短く切って、いびつなバランスにするのがいいな」、「一輪挿しに入れて、キッチンの窓際にたくさん並べよう」。限られた空間の中、そんな風に自分ならではの遊びを入れながら、花との時間を楽しんでいます。

10年前は、花束を貰っても飾る花瓶すら持っていなかったのに、ここ数年で収納に困るほどの花瓶が集まりました。それに今では、花瓶の水を替えることが、毎朝のルーティーンにもなりました。水が濁っていると、自分の心や生活が乱れてきてるな、なんて教えてくれる気がします。

花って、なくても困らないものだし、月に数回買うなんて贅沢なことかもしれない。でも私は、その花のおかげで心がちょっと豊かになります。小さな贅沢で、簡単に自分の機嫌をとれる。だから私は、今日もお花屋さんに寄り道するんだと思います。

出番の多い花器たち。右：KINTOの LUNAベースは、蓋をすると一輪挿しになり、取りはずすとブーケを入れられる 2Wayタイプ。中：バーガンディカラーが素敵な、Lyngby Porcelaenの丸い花器。左：友人から頂いたアンティーク風の大きめの花器。

HOLIDAYのオーバーオール、ISABEL MARANT ÉTOILEのブラウス、Charlotte Chesnaisのピアス

上：空き瓶やグラス、小さな花器など、殺風景なキッチンの窓に並べた一輪挿し。面倒な洗いもの時間をちょっとだけワクワクさせてくれるので、〝ご機嫌な窓際族〟と呼んでます。スーパーで買った1束390円の花も、こうして飾ると可愛いくおしゃれに見えるんですよ。

左ページ：白い鳩の一輪挿しはteto ceramics、左は頂き物のヴィンテージフラワーベース、その後ろは呉 瑛姫さんと加藤貴也さんの白い花器。

SNSを利用する

なんとなく始めた写真アプリのインスタグラムは、もうすぐ10年。ほぼ毎日、公開日記のようにアップし、その投稿数は1万を越えました。お弁当作りを始めた当時、料理上手さんのアカウントをとにかくたくさんフォローし、見よう見まねで作って毎日投稿しました。嬉しいことも、哀しいことも、失敗した料理だって、そのときの気持ちと一緒に赤裸々に載せてきました。すると徐々に上達し、いつの間にか、自分のお弁当や料理を紹介する仕事に繋がりました。

ある日ふと、毎日の服も記録してみようと〝#都ふく〟をつけてアップしてみました。三脚を購入し、こっそり人が来ない場所を選んで撮り続けたら、ありがたいことに最近では、有名なブランドとコラボ服を作る企画に携わせてもらえるようになりました。

何気ないコメントやメッセージに傷つくことはもちろんあるし、みんなの楽しそうな姿に、私だけ取り残された気がしてど〜んと沈むこともある。けれど、SNSに脅かされて気持ちや時間が流されるのはもったいない。正しさの判断が鈍りそうになったら、一旦スマホを閉じて離れる。SNSはあくまでも〝自分に喝を入れるツールのひとつ〟と考えるようにしています。良くも悪くも自分次第。利用してやるぞ、くらいの気持ちで付き合いたいと思ってます。

流行よりも"好き"を優先

モデルという仕事柄、流行を知ることは大切なこと。けれど年々流行のスピード感が増し、あっという間に次の波に変わってしまうことに違和感を覚えていました。あんなにもてはやされていた服が急に古臭く見え、気づけばもう端っこにいる。そして大量生産によりどんどん捨てられていく服たち。その事実がものすごく哀しかった。とはいえ、買い物は好きだし、洋服も大好きです。決してミニマリストではないし、そうなれるタイプかと聞かれたら違うと思う。だからこそ、自分の"好き"を正直に選んでいこうと意識を変えてみました。流行っていても似合わない服は絶対に買わないし、好きのこだわりが入っていないものは手にしない。そうやって集めていたら、好きな服を大事に、長く着ていきたいという気持ちになり、自分らしさも固まってきた気がします。

「体型に合うか」、「小物次第で様々なシーンに合う万能さ」、「お手入れが難しくない」、「動きやすい」、「なんなら洗える」。これが、私が大切にしていることです。髪型や年齢で、似合うものは変化するけれど、そのときは一旦寝かせてみたり、着こなし方を変えればいい。結局は、好きをどう自分のものにするか。ファッションは自分に引き寄せてしまうことが、楽しむコツなんだと思っています。

Flower One-piece

女性らしく着たいときは、胸元が大きく開いたイザベルマランのワンピを。ふんわりフォルムなので、太ベルトやバッグ、ブーツなどの黒小物で締め、バランスアップを意識しています。

ISABEL MARANT ÉTOILEのワンピース、Maria Blackのピアス、ISABEL MARANTのバッグ・ベルト、Veronica isのバングル、Maison Margielaのブーツ

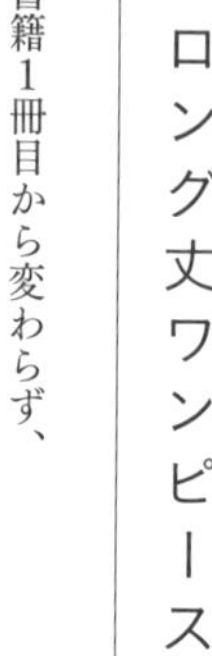

ロング丈ワンピース

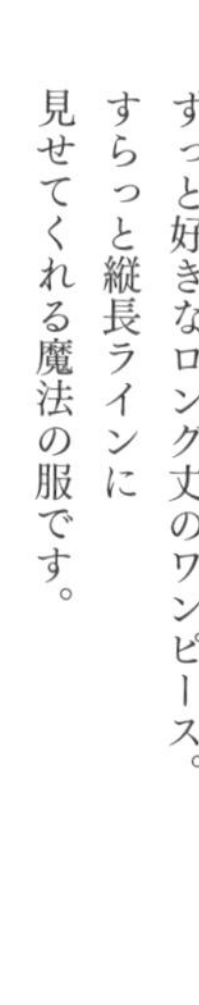

書籍1冊目から変わらず、
ずっと好きなロング丈のワンピース。
すらっと縦長ラインに
見せてくれる魔法の服です。

Black One-piece

全身ブラックもいいけれど、最近は少し派手なカラーマフラーなどで遊ぶのが気分。もっと寒い季節になってきたら、あったかスパッツ＋腹巻をこっそり巻きます(笑)。女性に冷えは禁物！

ATONのワンピース、John Smedleyのタートルニット、Joshua Ellisのチェックストール、ayameのメガネ、3.1 Phillip Limのバッグ、CONVERSEのスニーカー

MAZAWA
RK
FE

Check One-piece

開けても閉めても着られる、シャツワンピース。上品な質感やサイドのスリット、長めの丈なのでチェックでも子供っぽくなりません。チェックから1色を取ったブラウンで、小物を統一。

AURALEEのワンピース・デニムパンツ、LOEWEのvintageのレザーバッグ、3.1 Phillip Limのブーツ

2018 年

※『高山都の美食姿 2』より写真引用

現 在

Lace One-piece

書籍２冊目でも登場したレースワンピは、今も大切に着ています。小物でカジュアルに寄せた着方は変わらずに、今年は肩にかけた白ニットとウエスタンブーツ合わせのコーデにしました。

上：GREEDのワンピース、beautiful peopleのライダースジャケット、MARNIのバッグ、CONVERSEのスニーカー／下：同ワンピース、ATONのニット、CELINEの vinatageバッグ、ISABEL MARANTのブーツ

オーバーオール

ワンピースに続き、「いつも着ているよね」と言われるほど大好きなオーバーオール。数えるともう10着を超えました。ゆるっと落ち感のある形がタイプです。

オーバーオールを着るときはいつも、子供っぽくならないように、インナーをすっきりさせてメリハリを出しています。透け感のある上品なフリルブラウスを合わせた、甘辛コーデです。

ISABEL MARANTのオーバーオール、ISABEL MARANT ÉTOILEのブラウス、SAYAKA DAVISのニットカーディガン、VASICのバッグ

オーバーサイズのジャケットを合わせるのも、昔からよくするコーディネート。タンクトップですっきりさせ、ジャケットの袖をまくって着太りを防止。メガネや水色のコンバースなどで遊びを入れるのもポイント。

FRAMeWORKのオーバーオール、ATONのジャケット、中に着たタンクトップ、OLIVER PEOPLESのメガネ、Chaosのバッグ、CONVERSEのスニーカー

コンバース

私のカジュアルスタイルには
欠かせない存在になった、
コンバースのチャックテイラー。
少しずつ集め、今では8足も揃いました。

どんな服にもハマって、1番使えるブラックのコンバース。オーバーサイズのチェック柄コートがダボっと見えないように、サングラス、バッグ、スニーカーの小物黒で締めました。

CONVERSEのスニーカー、ISABEL MARANT ÉTOILEのコート、AURALEEのデニムパンツ、CELINEのサングラス

2018 年

＊『高山都の美食姿 2』より写真引用

現 在

デザインも良く、履き心地抜群のチャックテイラー。日本ではなかなか手に入らないので、海外に行くたびに増やしてきました。ここ最近は、カラフルなタイプが仲間入り。

アウター代わりにもなる、ウール素材のあったかジャケット。パリをテーマに、ベレー帽、白いロングスカート、赤ブーツを合わせました。この着こなしで、実際にフランスを旅しました。

ISABEL MARANT ÉTOILEのジャケット、ATONのロングTシャツ、FRAMeWORKのスカート、TOMORROWLANDのベレー帽、Sea'ds maraのピアス、GUCCIのvintageのバッグ、PELLICOのブーツ

ジャケット

おしゃれなパリジェンヌたちが
サラッと着こなしていたのをきっかけに、
私も普段から取り入れるように。
袖はきゅっと上げるのが鉄則です。

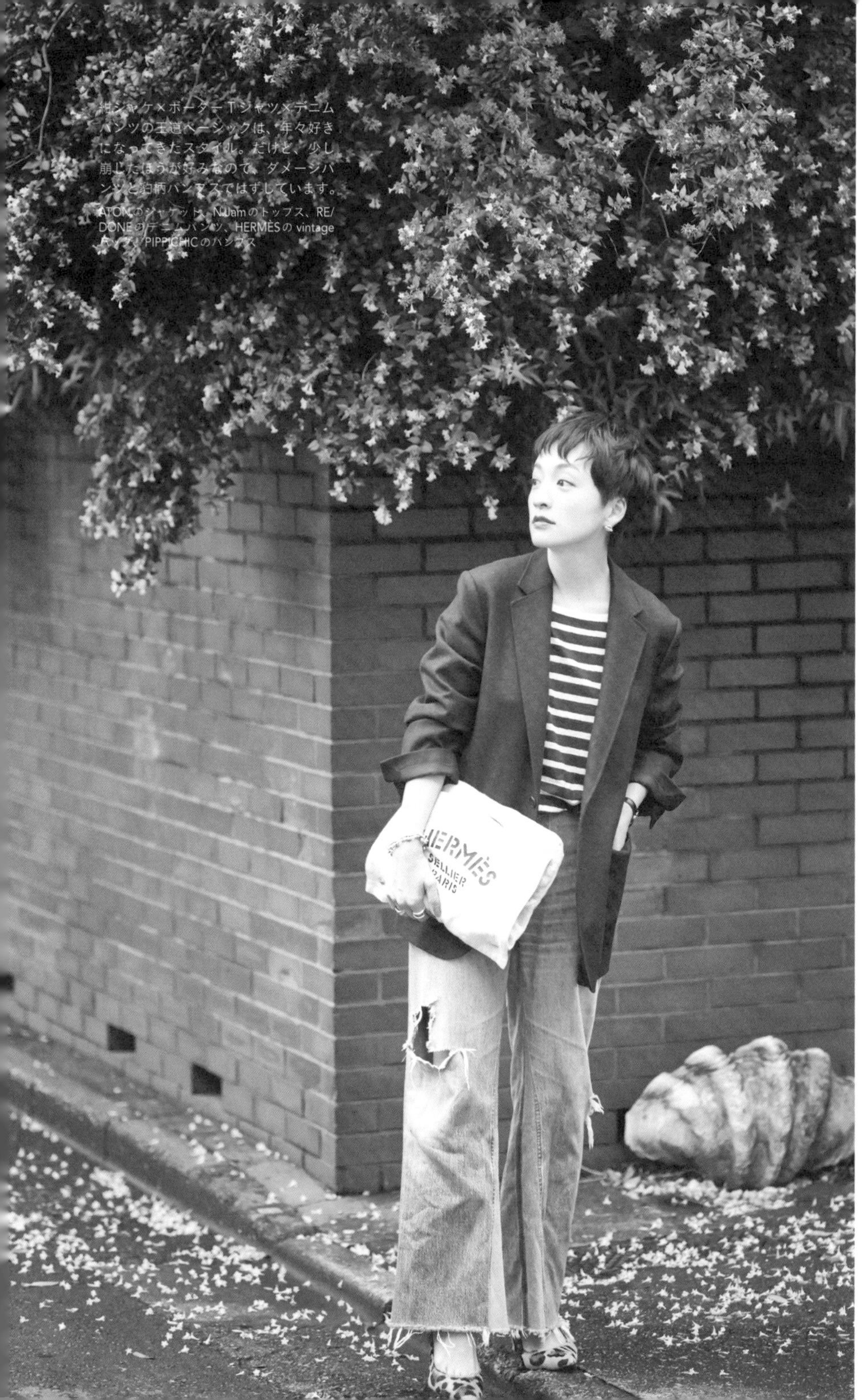

紺ジャケ×ボーダーTシャツ×デニムパンツの王道ベーシックは、年々好きになってきたスタイル。だけど、少し崩したほうが好みなので、ダメージパンツと豹柄パンプスではずしています。

ATONのジャケット、N.Jamのトップス、RE/DONEのデニムパンツ、HERMÈSのvintageバッグ、PIPPICHICのパンプス

アクセサリーはゴールドをミックス

3年前、仕事でハワイを訪れたとき、自分へのご褒美としてHERMESで太めのシルバーリングを買いました。そんな高価なリングを買うのは初めてで、清水買いのような感覚。憧れのオレンジのショッピングバッグを持つのもドキドキしたのを覚えています。その頃から少しずつ、良いものをじっくり集めていったら、毎日のようにつけているアクセサリーは、気づけばほとんどシルバーになりました。どうやら自分の肌やキャラクター、ファッションには、華奢なゴールドのものよりも、存在感のあるシルバーのほうがしっくり来る。存在感があるから失くさないというのもあるけれど(笑)。

だから、ゴールドのアクセサリーをつけるって、なんだか違う気がしていました。似合うシルバーだけでいい。そう思って買い続けていたけれど、去年、ベースはシルバー、真ん中がゴールドのユニセックスのリングを大切な人から頂きました。その指輪を毎日つけていると、ゴールドが混じっていても違和感がないし、むしろ少しエッジが効いて大人っぽいと思うように。自分の好きだという感覚も少しずつ変わるんだなと感じた、ひとつの出来事でした。それからは、持っているシルバーとトーンが合うゴールドのアクセサリーを、ちょこちょこと買い足しています。

Chigoの星型イヤーカフ、Charlotte Chesnaisのピアス、TIFANY & Co. 右手のブレスレット、
ASAMI FUJIKAWAの左中指のリング、grünの左小指のリング、grenの左手バングル、CLANEのワンピース

いつまでも変化を楽しみたい

もうすぐ38歳、アラフォーにそろそろ両足が入る年頃になりました。人によるとは思うけれど、年齢と共に顔立ちや体型、雰囲気も変わってきます。それと同時に、あんなに気に入っていた服が似合わなくなるときが、ある日突然来る。私の書籍（1冊目と2冊目）にも登場する、大好きだったロンハーマンの黒ワンピース。この夏着てみたら、なんと、びっくりするほど似合わなかった……はぁ。

反対に、最近こんなこともありました。すごく気に入って買ったイザベル マラン エトワールの花柄の赤いワンピースは、甘すぎて上手く着こなせず、1〜2回着てすぐに、洋服ラックの奥で1年寝かせていました。それが、髪を短く切ってから久しぶりに袖を通すと、あれ？ なんだかしっくり。ほかにも、子供っぽく見えそうで避けていた水色の服は、髪の短さが辛口アクセントになり、大人っぽく見えるようになりました。似合わない服も出てきたけれど、それよりも実は、選ぶ服の幅が広がり、この歳からさらにファッションやメイクが楽しくなるとは！と驚いています。自分が成長するたび、その変化と向き合うことになる。今の私ならどう付き合っていこうか。変化を楽しめるようになったら、また新しい自分だけのバランスが見つかるかもしれないな、と発見ができました。

ベリーショートにしたからこそ、似合うようになった小花柄の赤いフリルワンピ。スタッズがついたバッグとウエスタンブーツで少しハードさを加えてみたら、いい感じにまとまりました。

ISABEL MARANT ÉTOILEのワンピース、ISABEL MARANTのバッグ・ウエスタンブーツ

甘い服

若作りに見えそうで避けていた
フリルや花柄、レースの甘いアイテム。
髪を切ってからは、むしろ甘い要素を
足したほうがしっくりくるように。

ふんわりフォルムのフリルブラウスは、ダメージデニムで甘さを中和。顔周りがフェミニンになりすぎないように、眉毛やアイメイクを少し強めにするとグッドバランスに仕上がります。

CASA FLINEのブラウス、H/standardのカーディガン、RE/DONEのデニムパンツ、Ron Hermanで買ったピアス、TIFFANY & Co.のブレスレット、LOEWEの vintageバッグ

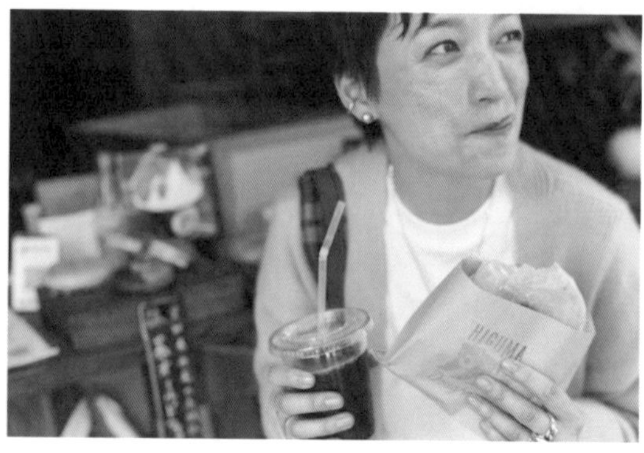

大人の水色

子供っぽくて選ばなかった水色も、
年齢を重ねた今ではブームカラーに(笑)。
パキッと明るい色みよりも、
少しくすんで温もりがあるほうがよく合います。

南フランスの伝統的な青色植物染料を使用したブランド、パステル ドクシタニの水色カーディガンが主役。水色を着ると、顔周りがパッと明るい印象になるので、気分も上々です。

PASTEL d'Occitanieのカーディガン、FILL THE BILLのデニムパンツ、manonfripesのTシャツ、LOEWEのvintageバッグ、ATONのチェックバッグ、CONVERSEのスニーカー

伊藤園

パーカ

頭がコンパクトになった分、
顔周りにボリュームがあるパーカは
すっきりバランスが取れました。

パーカは、少し間違えると部活帰りの学生みたいに見えるので注意を(笑)。白いロングスカートで甘くしたり、袖をたくし上げて抜け感を出したりと、大人の小ワザを効かせることが大切。

ATONのパーカ、FRAMeWORKのスカート、ayameのサングラス、LOEWEのvintageのバッグ、CONVERSEのスニーカー

黒のハイネック

いつも着ていた黒のハイネックは、
想像以上にベストバランスで、
アクセもいらない！と思うほどに。
潔く、堂々と着るのが楽しくなりました。

AURALEEの黒のハイネックニットは、少しゆるっと着たいから、メンズの1番小さいサイズを選びました。あえてアクセはつけず、アイラインを強調したメイクで私らしく。

AURALEEのハイネックニット

私が旅で見つけたこと

この数年で、国内外、たくさんの場所を旅してきました。30代半ばを過ぎてから、自分が世界中の景色を見るなんて想像もしなかった。遅い遅い旅人デビューだと思います。

特に印象的だったのは、撮影で訪れたカナダのプリンスエドワード島。世界一美しい島とも呼ばれ、赤毛のアンの舞台になった地です。長い冬が終わり、島に咲く草花の美しいこと。赤土の茶色と空と海の青色のバランス、どこを切り取っても絵葉書のようだった。見知らぬ街を走りながら、静かに感動する数日間。美しいということについて改めて考えさせられた経験でした。初めてひとり旅で行ったパリでは、暮らすように旅をするという目的で、アパルトマンに滞在しました。フランス語なんて話せないけれど、蚤の市では、見振り手振りでたくさんのヴィンテージ皿を買いました。割れないようにありったけの洋服で包み、日本まで連れて帰ってこられた大切なお皿たちは、どんなブランド物よりも誇らしい戦利品でした。

旅先で見たもの、食べたもの、出会えた人々……そのすべてが、気づきや強さを与えてくれ、新しい一歩を踏み出すヒントになりました。観光をしたり、買い物をしたり、ボーッとしたり。あ〜、早く旅に出かけたいなあと妄想を膨らませる今日この頃です。

ANCIENTALAのコラボワンピース、THE DAFFODILS flowershopで買ったトートバッグ、ISABEL MARANTのサンダル

何度もお店に通い、悩みに悩んで決めた、RIMOWAのスーツケース。軽い素材でできた飽きのこないブラックを、「えいっ！」とサイズ違いで大小２つ購入しました。旅の大事な相棒です。

旅の大事なアイテム

旅を重ねるたびに、必ず一緒に連れていく
相棒たち。海外に行くときと、
国内では少し変えています。

日本のインスタント食品

乾燥味噌汁、水で溶ける青汁スティック、EN TEA のお茶、うさぎ農園のパック入り玄米ごはんは、長旅の体調管理をしてくれる私のお守り。パリで寝込んだときに、これらがあって本当に助かりました。

2 種類のバッグ

ワンピースと同じ考えで、綺麗めなものと、ラフなバッグがあると良い。海外の治安が悪いところではスリに狙われないように、斜めがけができて、さらに腕をギュッと締めて守れるタイプが安心です。

上品なワンピース

旅先でちょっとお洒落なレストランやバーに行くとき、1 枚あると便利。パリにも持っていった LE PHIL の赤いワンピースは、コンバースを合わせても上品に着ることができ、すごく重宝しました。

ランウエアー式

早朝に、知らない街を駆け抜けるととても気持ちがいい。荷物は多くなるけれど、やっぱり持ってきて良かったな〜と毎回思います。パリに行く直前、気分を上げたくて一式揃えたノースフェイスのランウエアです。

機内グッズ

ネックピロー、クッション、枕と3way使用のBANALE.のOMNI PILLOW。低反発素材でできていて、コンパクトなのもいい。BOSEのヘッドフォンは、優れたノイズキャンセリングタイプ。マスクはcohan。

スニーカーとビーサン

歩きやすいコンバースのチャックテイラーは、普段も旅をするときも一緒です。ハワイで買ったRAINBOWのビーサンは、機内やホテルでリラックスしたいときに。冬や寒い国へは、ブーツを持っていくこともあります。

パスポートポーチ

MARNI × POTERのコラボケースには、パスポートや現地のお金、旅の資料などを入れています。そして海外旅行のときは、忘れずにDIGAWELのミニ財布に入れ替えています。サングラスはayameのもの。

私が旅した服と場所

今まで国内外、いろんなところへ旅をしてきました。
その場所に合わせて、スタイルを変えて楽しんでいます。

b

a

a　パリのカジュアルレストランへ。上品ワンピは必ず持っていきます。**b**　パリでは絶対にセーヌ川沿いを走る！ と決めて、叶った瞬間がこちら（笑）。**c**　蚤の市では、スリに気をつけながらChaosのトートバッグを斜めがけにして、たくさんのヴィンテージ皿を買いました。**d**　ロワールにある、ディズニー映画に出てくるようなシュノンソー城へ。カレンソロジーのニットとスカートでブルー合わせに。フランスのマダムたちに何度も褒められたコーデです。

France

c

d

f

Hawaii

e　カナダのケベック州にある小さな街を探索。これは、動きやすくて楽ちんなオブレクトのオールインワン。**f**　ハワイでは毎日海へ。水着の上にstudio CLIPのワンピースを着ています。**g**　ポートランドは自転車で旅をするアクティブな撮影だったので、MADE19のオールインワンで。

Canada

e

g

Portland

i

Okinawa

Tottori

h

j

Korea

h　日本一危険な国宝と呼ばれる、鳥取の投入堂へ。ノーフェイスを着て、険しい岩山を登りました。**i**　沖縄のロケは、南国にぴったりなアンシエントアラのワンピースを。**j**　「韓国のハワイ」と言われる人気のチェジュ島。イザベル マラン エトワールの大人めワンピで楽しみました。

インテリアで気分を変える

築38年、自分と同い歳の集合住宅のひと部屋。ここに住んで、今年で4年目になります。台所とリビングを区切るスチール棚には、相変わらずぎっしりと器たちが並び、どこのものでもない木のダイニングテーブルは油や水跡などが良い感じに馴染んできました。リビングに差し込む夕陽が綺麗で、やわらかな光で包まれるこの時間が大好きです。器をはじめ、洋服や本などたくさんお気に入りも増えました。だけどなんだか、この眺めに見慣れちゃったなぁと思っていたのも正直な気持ちでした。

よし、毎日に変化をつけよう！そう思ってこの書籍の撮影を機に、初めて模様替えをしました。まずは、洋服で埋まってしまった奥の部屋と寝室を復活させるため、友達に譲ったり、宅配収納サービスに頼ったりして、苦手な断捨離をしました。次に、業者さんに、リビングと寝室の壁の一部を張り替えてもらいました。以前より落ち着いたブルーグレーの壁に合わせ、床にはヴィンテージの赤いラグを。愛おしい茶器やグラスは、キャビネットを買ってその中へ。こうした小さなイメチェンは、ちょっぴりマンネリ化していた毎日の風景と気持ちを、一変してくれました。しばらくはまだ、悠々自適なひとり暮らしが続く予感がします。

Living

私の仕事場でもあり、いちばん心安らぐ好きな場所。新しく張り替えたグレーの壁に合わせ、ラグも新調しました。最初は白地のベニワレンを探していたけれど、香川県にあるモロッカンラグ店『MAROC』の赤いヴィンテージラグにひと目惚れをしてネットで購入。高価なものなので、床にマスキングテープを貼ってサイズ感を見たり、たくさんイメージをして決めました。

Kitchen

キッチンの風景も少し変えたくて、天井から苔コウモリランなど植物を吊るしてグリーンを増やしました。キタジマのグレースチールラックは4年も使うと、天板が少し剥げてきました。床に置いてある木のカゴや箱には、コーヒーやお掃除グッズを入れてます。新しい風を入れることで、古いものの良さに気づくことができました。

冷蔵庫に入れなくても良い玉ねぎやいもの根菜類は、スチール棚にネットバッグをかけて収納。風通しもいいし、どのくらいあるか見えるので便利なんです。もうひとつかけたバッグには、毎日飲むお茶などを入れています。

最近集めているグラスや花器、ワインなどのお酒類は、アデペシュのカデルスライドガラス キャビネットに収納。オークの無垢材と磨りガラス、鉄の取手のバランスがすごく好き。上にはお気に入りの写真やお花を飾っています。

Relax room

この部屋では、ソファに寝転んで本を読んだり、懐かしのドラマを観ています。私服撮影用のコーディネートを組むのもここなので、撮影前日は洋服で埋もれて人に見せられません(笑)。こちらには『REVE Vintage Rug』の落ち着いた色みのラグを敷きました。

SAYAKA DAVIS のニットカーディガン、gelato pique のルームワンピース

Bed room

もともと白だった壁をリビングと揃えてグレーに変えたら、全然違う部屋になったみたいで新鮮な気分に。お落ち着いた雰囲気が気に入っています。ベッドに置いた枕は3つ。「眠れない」と言ってたら、友人が素敵なオーダー枕をプレゼントしてくれました。

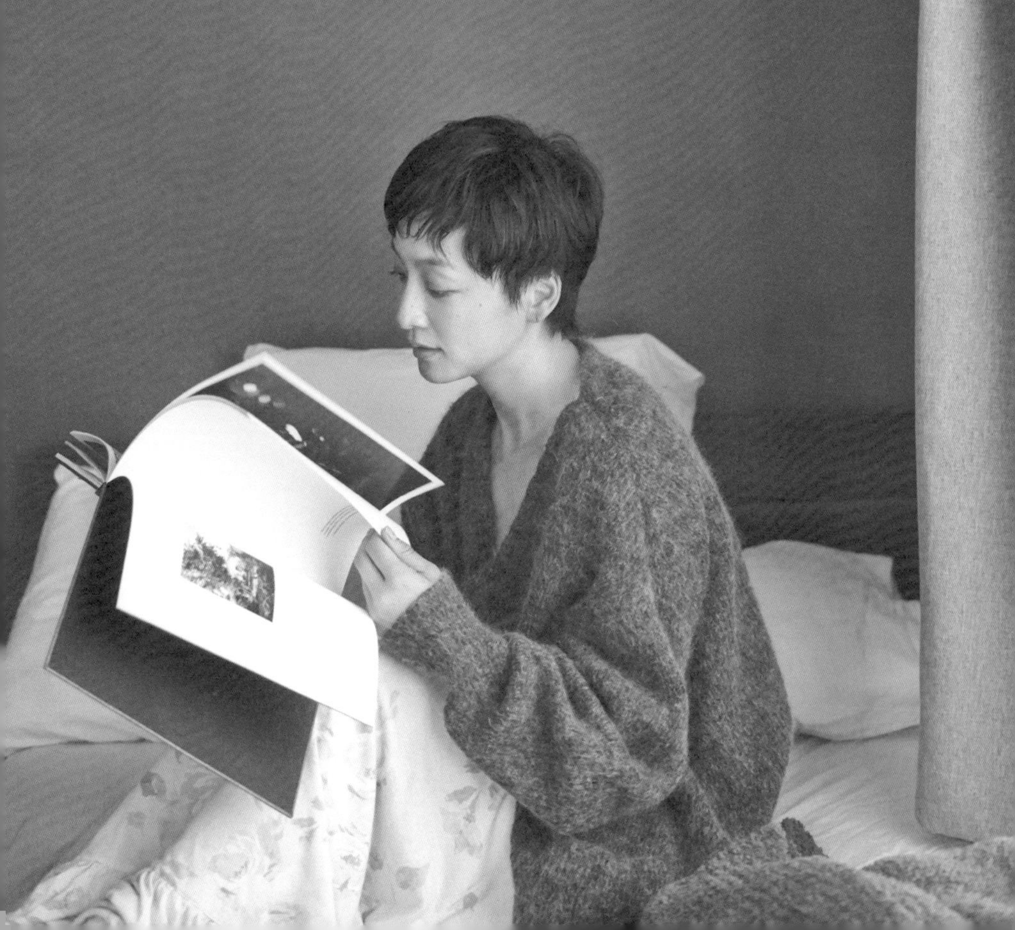

なりたい自分になる

やりたいこと、できないことなど、誰かに見せるわけでもないけれど、心の目標を書き出す作業をここ数年続けています。書くと何故か心のモヤモヤが晴れ、少しずつ必要なことが見えてくるようになりました。今の自分は少しでも近づいているか。なりたい自分になれているのか。後からメモを見直し、できた自分を思いっきり褒めてあげるんです。よくやった！　さぁ、次も頑張ろう。誰も押してくれない大人の背中は、自分で押してあげるんです。

けれど生きていれば、目標に近づけなくて、ネガティブな思考やドロドロした感情が出てきてしまうことはある。誰かを羨んでトゲトゲした気持ちになったら、私は必ず鏡を見るようにしています。そんなときってだいたい、顔が曇ってブスになっているから。昔引いたおみくじに「邪念は身を滅ぼす」、と書いてありました。心は正直だから、邪念を持った人はちゃんと顔に出るんですよね。心のなかがちょっと濁ってきたかもと感じたら、このおみくじの言葉を戒めとして思い出すようにしています。濁った心も、清らかに流れる川のように淀みをなくせば美しくなれるはずだから。

もし、嫌な感情で心が苦しくなったときは、騙されたと思って、この言葉を思い出してみてください。意外と効き目ありますよ。

友達の存在

学生時代、いわゆる女子から嫌われるタイプでした。正直、あの頃の私は嫌な女だったと思う。大きな挫折もなくチヤホヤされ、自分がいちばんだと思って自惚れていました。恥ずかしい。

19歳で上京し、たくさんの出会いはあったけれど、やっぱり友達と呼べる存在はあまりできなくて。ごはんに行けるお金もなく、仕事とバイトの掛け持ちで、時間の余裕さえありませんでした。そういえばいつも、周りの楽しそうなグループを羨ましく見ていたなあ。

気づけば30代半ば。大失恋をして心身共にボロボロでしばらく立ち直れなかった私に、ひとりの友人が言いました。「いつでも助けるし、ずっと味方でいる。だけど、いつまでもそんな暗い人に、人は寄ってこないから」。ハッとし、それが現実なんだと気づきました。あえて厳しい言葉を選び、正面から伝えてくれたひと言。この経験は、人との向き合い方を、大きく変えてくれた出来事です。

ダメな部分を認め合い、足りない部分は得意なほうが補えばいい。それが人に対する優しさなんだ。そんな関係性や価値観を、この4年でやっと見つけることができました。行動すること、自分を変えることに遅すぎることなんてない。カッコつけることをやめて素直になれたのも、大切な友達のおかげです。

私のおすすめギフト

友人からもらって嬉しかったもの、贈って相手に喜ばれたもの。
誕生日やちょっとしたギフトに使える私のおすすめ小物たちです。

Aēsopのマウスウォッシュ（右）
MARVISの歯磨き粉（左）

右：Aēsopはどの商品もお洒落なデザインで、香りがよくて男性にも喜ばれます。瓶タイプのマウスウォッシュは、洗面台に置いておくだけで可愛い。左：MARVISの歯磨き粉はフランスで大量買いしたお土産。ミントが強くてすっきりすると大好評でした。

teto ceramicsの
ピッチャーと鳩の一輪挿し

友人からプレゼントしてもらい、使い始めてからteto ceramicsのファンに。青いピッチャーはお水を入れたり、ブルー系の花を飾って使っています。一輪挿しはお値段もお手頃で、オブジェとしても可愛い。

Santa Maria Novella のサシェ

手縫い刺繍の入ったシルクサシェ。植物の小果実や、花びらなどを詰めた、気分の上がるポプリです。下着やクローゼットの中に入れています。梱包も可愛いので大事な人へのギフトにおすすめ。

product のドライシャンプー

こちらも友人にもらったことがきっかけで愛用している、フレッシュな香りのスプレー。頭皮、体、空間とどこにでも吹きかけられ、一瞬ですっきりして気持ちがいい。最近はマスクにシュッとかけたりも。

john masters organics のブラシ

天然猪毛と、マイナスイオンを放つイオン毛が混合された、ツヤの出るブラシ。刻印を入れられるので、お相手の名前やイニシャルを入れて贈りたい。毎日使うものだし、もらって嬉しかった逸品です。

DAMDAM のリップ＆スキンバーム

書籍１冊目でも紹介したほどのヘビロテアイテム。蜜ろうをベースとしたバームは、保湿力抜群で全身どこにでも使えるマルチタイプ。体に優しい高級なバームは、贈ると絶対喜ばれます。

読書とコーヒーの時間

毎日のささやかな楽しみとして買うようになったコーヒー豆。豆をゆっくり挽き、お湯をぽとぽと落としながら、その日の気分でカップを選ぶ。湯気の立つコーヒーに、どんな本を合わせようか。そんなことを考える時間が好きです。

朝選ぶのは、その1日が明るい心でいられるように、気持ちのいい言葉で綴られた本を。友達がくれた、石井ゆかりさんの『金色の鳥の本』はどのページを開いても、心に響くメッセージを送ってくれる。ゆっくり読む時間がない日でも、たった一文から感じるパワーにいつも背中を押してもらえます。白洲正子さんや樹木希林さん、ココ・シャネルの言葉からは、〝女性が清く潔く生きる様〟を教わる感じがして、読むたびにシャキンと姿勢が正しくなる。心をまあるくしたいときは、大好きな谷川俊太郎さんの作品を。絵本の『ともだち』は、大人も子供も、国籍も肌の色も境界線がないことを教えてくれ、初めて読んだ日にすーっと涙が出ました。

ほんのひととき、現実と自分を離して、また繋げてくれる不思議な時間。最近の私は元気なときよりも、少し落ち込んだときに本を手に取ることが増えました。それは、前向きなヒントや導きを、本からもらっているせいかもしれません。

金色の鳥の本
PIE
それからはスープのことばかり考えて暮らした
吉田篤弘
中公文庫
残るは食欲
阿川佐和子
一切なりゆき 樹木希林のことば
樹木希林
ココ・シャネルの言葉
山口路子
たしなみについて
白洲正子
河出文庫
ヘッセ 人生の言葉
ニーチェの言葉
曜日別 パリ案内 PARIS 7 DAYS
PIE
ともだち 谷川俊太郎・文 和田誠・絵
ともだちってすばらしい

余韻を残す

「人の印象は、最初と最後の7秒で決まる」。以前お仕事をご一緒させていただいた、松浦弥太郎さんの言葉が忘れられません。

はじめましての挨拶は、緊張したり、周りに人がいるとどうしても早口で、伏し目がちになることがある。普段なるべく焦らないようにと心がけてはいるけれど、この7秒を意識してからは、ゆっくりと目を見て快活に、気持ちよく自己紹介ができるようになりました。でも、7秒って意外と長いと感じるかもしれません。そんなときは、「お会いできるのを楽しみにしてました」、「初めてで緊張しています」。なんでもいいからひと言添えてみて。すると、自分もびっくりするくらい、相手との距離が一気に縮まります。別れ際も笑顔でゆっくり、「ありがとうございました」、「楽しかったです」、「またすぐね！」。ちゃんと目を見て、気持ちを伝えてみること。

綺麗とか素敵とか、良い人とか、そう言われるよりも、また会いたい人になりたい。7秒の魔法は、相手に「また会いたいな」の余韻を残してくれます。自分の存在や印象が、残り香のようにふわふわと相手の頭の中に浮かんでくれれば大成功。次はいつ会えますか？今度こんなお仕事をしましょう。そんなやり取りがはじまるかも。最初と最後の〝7秒の意識〟、私はとっても大切にしています。

久々にフレグランスを変えました。以前から使い続けている FUEGIA 1833 のもので、ゼラニウムのみを選択。存在感はあるけど、どんなシーンでも出しゃばりすぎない香り。出会い頭、サヨナラの前、そんな僅かなときにもふわっと香り良い印象を与えてくれます。

Muskara
Pelargonium

それでも私は走り続ける

炎天下が続く真夏は、涼しい早朝や夜を選び、スピードを上げて短時間で走りきる。ランニングのオンシーズンである冬は、走りやすいから長い距離が取れる。毎月の目標を100㎞と決め、ここ2年、しっかり走りきっています。新年の初めには、箱根駅伝に触発されながら、ロング走をしています。人がいない街中を駆け抜ける爽快感は、本当に最高！皇居や東京タワーを巡って30㎞近く走ることが、毎年の恒例行事になりました。

私は、食べることも飲むことも好きで、我慢できないタイプです。だから、そのためには動くしかない。たくさんの汗は、むくみを手っ取り早く取る、1番の方法だと思う。仕事や日々の生活に疲れて心が濁ってしまったときも、思いきって遠くまで走りに出かけます。いつもと違う景色の中で無心になって手足を動かせば、悶々とした気持ちは、いつの間にか消えてしまうんです。

2019年には、初めて東京マラソンに出場しました。3年ぶりの42.195㎞。今まで何度もフルマラソンを経験したけれど、せっかく出るならば！と、4ヶ月前から練習を重ね、月に150㎞、多いときは200㎞走りました。ところが突然、事件が起きたんです。本番まで10日をきった頃、自宅のテーブルに右足の薬指をぶつけ、まさかまさかの骨折。自分の不注意を悔やみました。なんとか処置をして出場したけれど、本番当日は朝から本降りの雨。気温10度をきり、濡れた身体はどんどん冷え、痛みは倍増。さらに27㎞地点では、足がつってしまうトラブルもありました。歩くのも痛くて辛くて、頭に初めてリタイヤがよぎりました。フルマラソンはしんどいもの。わかっていたはずが、こんなにもひどいなんて……そう思った瞬間、サプライズで応援に来てくれた友人たちの顔が見え、涙が溢れ出ました。

結局、目標タイムには届かなかったけれど、最後まで走りきることができました。雨と涙と鼻水でグチャグチャになりながら、友達にもらったチョコをほおばったことも、今ではいい思い出です。まあでも、あんなに辛いフルマラソンは、後にも先にもこの年くらいだろうなぁ。

私が走る理由。よく聞かれるけれど、とっても単純です。それはココロとカラダを循環させるため。「自分らしくいたいから」。「自分らしくいられるから」。私は今日も、走りに行きます。

 NIKEのキャップ・ジャケット・パンツ・スニーカー・ウエストポーチ、Beats X sacai Special Editionのイヤフォン

【第2章】食

食べることが好きだ。
お昼ごはんでお腹がいっぱいになっても、
夜はなにを食べようかな～。
走ってお腹を空かせなきゃ、なんて考えています。

お店に着いて、ひとりで待つ時間。
メニューをずっと眺めていられる。
字面から、どんなひと皿なんだろうと、
見た目や味を想像する時間は、本当にワクワクするんです。

食べる時間は、ものの数分かもしれない。
けれど、なんとなく食べるよりも、
気持ちよく、美味しく食べたい。
たとえひとりでも、「いただきます」は必ず言う。
お腹が満たされた後は、もちろん「ごちそうさま」。

 PASTEL d'Occitanieのシャツ・エプロンR.ALAGANのピアス

美味しく食べられることは、
心も身体も健やかな〝しるし〟。
それは、心身のバランスを崩すたびに実感します。

美味しいって、元気のバロメーターなんだと思う。
好きな器を選んで、ごはんを食べる。
お気に入りのお店で、いつものひと皿を注文する。
食べること、飲むこと、作ること、
何気ない毎日のことだけど、
私はそのひとつひとつを大切にしています。

私の食べる理由

「人生であと何回、ごはんを美味しく食べられるだろう」。もしかしたら明日、体調を崩して、美味しく食べられなくなるかもしれない。そう思うと1回も無駄にしたくないし、適当にすませたくない。な〜んて、考えることがあります。食べることも飲むことも大好き。我慢したくない。とにかく食いしん坊なんです。

そんな私なので、昔はたくさん無理なダイエットをたくさんしてきました。食生活が乱れていたせいもあり、まったく痩せず、下剤や高いダイエット器具に手を出したこともあります。そうそう、この書籍の撮影前にも、少しダイエットをしました。でも、あの頃とはやり方が違います。いつもよりも走る回数を増やし、簡単な食事節制で身体を管理。パスタや焼きそばは、豆腐干で代用して炭水化物を控え、野菜を増やしてお腹の満足度も大切にしました。30歳を過ぎると、痩せにくい身体になってくるし、油を取らないと肌がカサつく気もする。大人の整え方は、少し面倒臭い。だからこそ無理することを選択せず、ゆるりと構えて〝美味しい〟の感覚を楽しんでみたら、ストレスなく過ごせるようになりました。

人生はまだまだ長い。美味しいものが好き。食べることを大切にしつつ、自分が今、必要なことを選んでいきたいと思っています。

大好きでよく作る、魚醤のガパオ風ライスは、『高山 都の美 食 姿4』でレシピを紹介しています。

白い器が増えました

青や緑など色みのある器が好きだったので、ほとんど使わなかった白い器。今では我が家の食器棚に多く並び、食卓にたくさん登場するようになりました。そのキッカケはふたつ。2年前に訪れた佐賀の伊万里にある窯元、文祥窯さんへお邪魔した際、手作業で施された白い作品に衝撃を受けたことが始まりです。白磁と呼ばれる焼き物で、ツヤと青みがかった独特な白色がとても美しかった。作家さんのお人柄にも触れたこともあり、その日私は、気に入った8枚の器を連れて帰りました。初めて使う白磁の器。白が引き立つようにと色の強い野菜を盛ってみたり、ときには上品な和菓子をのせてみたりと、とにかく慣れるまでいっぱい使って、自分好みの合わせ方を手探りで見つけていきました。

ふたつ目のキッカケは、仕事で訪れたパリ。蚤の市で見つけた、ヴィンテージの白皿と絵皿です。傷があったり、色も黄味がかっていたりするけれど、それも古さゆえ。表情があって趣のある器は、単調に見えがちな白い器の概念を大きく変えました。絵皿はパスタやサラダを盛るだけで、ビストロ料理の雰囲気が出るんです。料理と器に凝りだして、早7年。白い器もやっと上手く使えるようになりました。新しい発見って、続けるほど出てくるんですね。

文祥窯の器は右上の花型と真ん中の絵皿。
上と左の絵皿、そして右下の丸い白皿が、
フランスの蚤の市で見つけたヴィンテージ。
いちばん下が初めて手にしたアスティエ・
ド・ヴィラットです。

ひとり焼肉もいいもんだ

日曜日の夕方のスーパーが苦手です。カゴに食材やビールを入れているると、目に入ってくる様子は家族連れの楽しそうな姿ばかり。親子や夫婦、いろんな家族のカタチをぼんやり見つめてしまう。ひとりの時間は自由で誰かに縛られることもないし、今の生活には満足しています。けれど、自分で選んだ日々のはずなのに、幸せそうな風景を見ると、これでよかったのかなーと気持ちが沈む。もちろん正解なんてないし、それぞれ悩みもあるんだろうけれど。こんなとき、家族が近くにいたらなぁとウルッとしてしまう。

そんな気持ちを振りきろうと、普段は絶対買わない1パック千二百円の牛肉を買ってみました。いつもはお店で食べる焼肉を、自分のために焼こう。ホットプレートを引っ張り出し、つけ合わせを簡単に準備してスタンバイ。さぁ焼くぞ！ 綺麗なピンク色のお肉を菜箸で持ち、ジューっと焼く。お気に入りのジョッキに入れた、ビールをグビッ。部屋がちょっとモクモクするけれど、まぁそれもよし。意外と量が食べられなくなってきたな、なんてナムルをつつきながらのひとり焼肉。そんな時間のおかげで、夕方の寂しい気持ちはどこかへ消えていきました。私は私の〝ご機嫌〟をとって生きていく。こんな選択があっても良いよね、と自分に呟いた夜でした。

焼肉のつけ合わせ

うちの冷蔵庫によくストックしてある、野菜のつけ合わせと市販のキムチ。小鉢にちょこちょこ入れて召し上がれ。

● 春菊のナムル

春菊(1袋)は熱湯で茎を10秒、その後に葉を10秒茹で、しっかり水気を切る。ざくざく切った春菊と、塩(小さじ½)、ごま油(大さじ1½)、煎りごま(大さじ2)を和える。

● 紫キャベツのマリネ

粗めの千切りをしたキャベツ(⅛個)を電子レンジ(500w)で1分半加熱。熱いうちにお酢・オリーブオイル(各大さじ1)、甜菜糖(小さじ1½)と和える。

● 豆腐干のジェノベーゼ和え

豆腐干(80g)を軽く塩を入れた熱湯で2分茹でる。水気をよく絞り、大葉のジェノベーゼ(＊参照)少しと和える。

＊大葉のジェノベーゼ（約240g）
大葉(70枚)、塩(小さじ1)、ニンニク(1かけ)、松の実(20g)、パルミジャーノチーズ(30g)、オリーブオイル(120mℓ)をミキサーで滑らかになるまで攪拌する。

豆腐のお好み焼き

粉を使わない、ヘルシーなお好み焼き。
学生時代にバイトをしていたので
ひっくり返すのは得意なんです。

材料1人分

木綿豆腐　280g
卵　2個
キャベツ(千切り)　⅙個
A｜天かす　10g
｜桜海老　大さじ1
｜ちくわ(粗切り)　2本
｜出汁醤油　大さじ1
豚バラ薄切り肉　3枚
お好み焼き用ソース、青のり、かつお節、
マヨネーズ　各適量

ふわふわに仕上げるコツは、豆腐をしっかり水切りし、材料とよく混ぜ合わせること。生地を丸く広げるときは、少し小さめに作るとひっくり返しやすくなります。

❶ 豆腐をクッキングペーパーで二重に包み、ラップをかけずに電子レンジ(500w)で2分ほど加熱する。
❷ 少し冷めたらギュッと水を切り、ザルに乗せて重石をし、さらにしっかり水切りする。
❸ ボウルに②と卵を入れ、泡立て器でなめらかにしてから、キャベツと**A**を入れてさらに混ぜて豆腐の生地を作る。
❹ ホットプレートに軽く油(分量外)を引き、中温に。豚肉を広げ、色が変わったら横によける。③の生地を丸く広げ、その上に焼けた豚肉をのせる。
❺ 少しカリッとしたらヘラでひっくり返し、蓋をして中温で蒸し焼きする。
❻ 両面焼けたらソースを塗り、マヨネーズ、青のり、かつお節をかける。

外食から
ヒントを見つける

30歳を過ぎてから、ひとりでふらっと飲みに行くことも多くなりました。そんなときはだいたいカウンター席を選びます。中を覗き込んで、ちらっとシェフの手元を見る。ときには話しかけて、気になる料理の食材や作り方のコツを教えてもらうこともあります。塩の振り方、切り方、盛りつけ、合わせるお酒の種類でこんなにも違う。そして毎回、プロってやっぱりすごい、と感嘆しています。

以前、イタリアンのお店でイワシのマリネをオーダーしたとき、一緒に入っていた苦手な玉ねぎを、パクパク美味しく食べることができました。すぐに「これどうやって作るんですか?」とカウンターから身を乗り出して聞きました。しっかり炒めてマリネされた玉ねぎは、とっても甘くてコクが出ること。レーズンと松の実を入れると、酸っぱさがまろやかになること。それからは玉ねぎを使う料理も増え、カレーや南蛮漬けには、レーズンを合わせることが多くなりました。自分好みにするならどう作ろう。教えてもらったことは、必ず家で試しながらアレンジしてみます。たくさん通って〝美味しい〟を記憶して、自分なりの味を見つけていきたい。いつか小さな居酒屋みやこをやるとしたら、こんな料理を出したいな、なんて密かに目論んでいたりしています。

 AURALEEのワンピース、grünのピアス

私が東京でよく通うお店

仕事帰りにふらりとひとりで行ったり、
みんなでワイワイと貸し切ることもあります。

ファームスタジオニーマルサン

学芸大学駅から歩いて2分、四川料理のお店。看板メニューの、山椒がピリリと効いた「黒毛和牛の四川麻婆豆腐」がとても好きでよく食べています。本格中華とナチュラルワインが、これまたよく合うんです。

あつあつ リ・カーリカ

学芸大学にある、カウンターのみの小さなイタリアン。美味しくて衝撃を受けたパスタに入っていた、コラトゥーラ（イタリアの魚醤のこと）。この存在を初めて知り、今では調味料のスタメンになりました。

Sugahara Pho ／スガハラフォー

ナチュラルワインとベトナム料理のお店。ネギトロをエゴマで巻いて食べる「エゴマディライト」は、毎回必ずおかわりしてしまうほどハマっています。バインセオ、揚げ春巻きなども美味しい。渋谷にあります。

Audace ／アウダチェ

中目黒からすぐ、路地裏にあるおしゃれなイタリアン。チーズと目玉焼き、ブラックペッパーだけで作る、看板メニュー「貧乏人のスパゲティ」からヒントを得て、私の魚醤のカルボナーラが誕生しました。

熊本バル うせがたん

熊本料理なのに、温かいヤムウンセンが出てきてびっくり。聞いてみると、柚子胡椒の隠し味が熊本風なんだとか。レシピの参考にしたいと、許可も得ました。渋谷の神泉エリアにある人気の熊本バルです。

margo ／ マーゴ

まるでフランスにあるビストロのような、隠れ家的で素敵なお店。「とうもろこしのサブジ」を初めて食べ、サブジってなに？とその場で検索し、後日サブジの試作をしました(笑)。祐天寺駅からすぐです。

Cosi Com'e ／ コジコメ

三軒茶屋駅から少し離れた場所にある、温かい雰囲気のイタリアン。セロリジェノベーゼの美味しいパスタを食べてから、帰り道には、ほかの野菜でジェノベーゼを作れないか考えていました。お店の作りも素敵。

Odorantes ／ オドラント

祐天寺駅からすぐの、ご夫婦で営む小さなビストロ。オドラントとはフランス語でいい香り。その名の通り、美味しい香りが漂うお料理とナチュラルワインの組み合わせは最高。料理の彩りにいつも驚きます。

ATONのニット、studio CLIP×高山都のコラボスカート、MARNIのバッグ、ISABEL MARANTのブーツ